PIERRE DE MÉDICIS

OPÉRA EN 4 ACTES & 7 TABLEAUX

PAROLES DE MM.

DE SAINT-GEORGES ET ÉMILIEN PACINI

MUSIQUE DU PRINCE

J. PONIATOWSKI

REPRÉSENTÉ POUR LA PREMIÈRE FOIS SUR LE THÉATRE DE L'ACADÉMIE IMPÉRIALE DE MUSIQUE LE 9 MARS 1860.

DÉCORATIONS

1ᵉʳ Acte, MM. NOLAU & RUBÉ — 2ᵐᵉ Acte, M. MARTIN — 3ᵐᵉ Acte, M. DESPLÉCHIN
4ᵐᵉ Acte, MM. THIÉRY & CAMBON

Prix : 1 franc.

PARIS

Mᵐᵉ Vᵉ JONAS, ÉDITEUR, LIBRAIRE DU THÉATRE IMPÉRIAL DE L'OPÉRA,
RUE MANDAR, 4, ET RUE MONTMARTRE, 77.

| MICHEL LÉVY FRÈRES, LIBRAIRES, | TRESSÉ, LIBRAIRE, |
| Rue Vivienne, 2 bis. | Palais-Royal. |

1860

PIERRE DE MÉDICIS

OPÉRA EN 4 ACTES & 7 TABLEAUX

PAROLES DE MM.

DE SAINT-GEORGES ET ÉMILIEN PACINI

MUSIQUE DU PRINCE

J. PONIATOWSKI

REPRÉSENTÉ POUR LA PREMIÈRE FOIS SUR LE THÉÂTRE DE L'ACADÉMIE IMPÉRIALE DE MUSIQUE LE 9 MARS 1860.

DÉCORATIONS

1er Acte, MM. NOLAU & RUBÉ — 2me Acte, M. MARTIN — 3me Acte, M. DESPLÉCHIN
4me Acte, MM. THIÉRY & CAMBON

PARIS

Mme Ve JONAS, ÉDITEUR, LIBRAIRE DU THÉÂTRE IMPÉRIAL DE L'OPÉRA,
RUE MANDAR, 4, ET RUE MONTMARTRE, 77.

MICHEL LÉVY FRÈRES, LIBRAIRES, | TRESSE, LIBRAIRE,
Rue Vivienne, 2 bis. | Palais-Royal.

1860

PERSONNAGES

LE DUC PIERRE DE MÉDICIS............... MM. GUEYMARD.
JULIEN DE MÉDICIS, son frère............ BONNEHÉE.
FRA ANTONIO, grand inquisiteur.......... OBIN.
PAOLO MONTI, seigneur pisan, ami de Julien de
  Médicis............................... ATHÈS.
LAURA SALVIATI, nièce de Fra Antonio..... Mme GUEYMARD LAUTERS.
UN HÉRAUT D'ARMES....................... MM. FRÉRET.
UN SOLDAT............................... KŒNIG.
UN PÊCHEUR..............................

Les Membres du Sénat, le Gonfalonier de Pise, Pages, Seigneurs, Dames, Officiers, Gardes, Peuple, Bateliers et Batelières de l'Arno, Bateleurs, Charlatans, Moines, Inquisiteurs, Religieuses, Pénitents, Pénitentes, etc.

La scène se passe à Pise en 1492.

Paris. — Typ. Morris et Comp., 64, rue Amelot.

NOTICE

Pierre de Médicis, fils de Laurent le Magnifique, devint souverain des États de Florence, Pise, etc., en 1492, à la mort de son père.

Les mœurs dissolues du jeune prince, ses cruautés, et son excessive faiblesse qui ui fit céder au roi Charles VIII la ville de Pise, malgré les protestations de ses sujets et du conseil des Dix, soulevèrent contre lui l'indignation de son peuple.

Une conjuration des nobles et des sénateurs se forma bientôt; une révolte eut lieu.

Pierre de Médicis, dédaignant les conseils du dominicain François Savonarola, s'enfuit de Florence, où, après des troubles et de sanglantes agitations, son frère, Julien de Médicis, prince aimé de la nation, fut appelé à lui succéder.

Pierre mourut misérablement, après de vaines tentatives pour remonter sur son trône.

Le moine Savonarola, dont l'ambition avait contribué puissamment à la ruine de son maître, fut saisi dans le couvent de Saint-Marc, à Pise, où il s'était réfugié pendant l'émeute qui suivit la fuite de Pierre de Médicis, et sacrifié plus tard à la haine populaire.

Ces différents faits historiques ont servi de thème à l'opéra de Pierre de Médicis.

Avis. — S'adresser, pour la mise en scène, à M. COLEVILLE, Régisseur de la scène du théâtre Impérial de l'Opéra, rue Drouot.

MM. les Directeurs y trouveront les indications les plus exactes et les plus détaillées, et tous les renseignements désirables sur la plantation des décors, les costumes et accessoires de l'ouvrage.

———

Pour les maquettes ou dessins des décors, ainsi que les dessins coloriés des costumes et tout ce qui concerne la fourniture du matériel de la pièce, s'adresser à L'AGENCE DAVID FILS, 9, rue Saint-Georges, à Paris.

MM. Nérante, Andymion, Coralli, Faune, Mmes Ferraris, Diane, Mmes Nathan, Morendo, Bergères d'Arcadie. Carabin, Simon, Pilvoix, Stoïkoff, Chasseresses. Fiocre 1re, l'Amour.

PREMIER ACTE.

Six Pages de Julien.

Mlle Gambelon.	Mlle Deleonet.	Mlle Vibon.	Mlle Montaubry.
	Mauperin.	Saville.	

27 Musiciens de Julien. 18 Hallebardiers. 8 Porte-Bannières. 4 Grands Officiers.

Six Seigneurs. (Suite de Pierre de Médicis.)

M. Darcourt.	MM. Bion.	MM. Millot.	M. Josset.
	Fournier.	Scio.	

Huit Pages de Pierre de Médicis.

Mlle Bussler.	Mlle Masson 1re.	Mlle Colas.	Mlle Pérolie.
Touzard.	Masson 2me.	Lacroix.	Lescars.

Huit Jeunes Filles nobles.

Mlles Desvignes.	Mlle Wal.	Mlle Lesage.	Mlle Simon.
Breard.	Baldon.	Frimat.	Brach 2me.

4 Magistrats. 1 Gonfalonnier. 18 Gardes de Pierre de Médicis.

Deux Pages de Laura.

Mlles Alexandre et Malot 1re.

Quatre Dames nobles.

Mmes Corinne, Letellier, Meurant, Malgorne.

2 Trompettes.

DEUXIÈME ACTE.

Peuple.

MM. Meunier.	MM. Fauget.	MM. Pissaello.	MM. Galland.
Rousseau.	Bertrand.	Barbier.	Leroy.
Desvignes.	Gabint 1er.	Perrot.	Adam.
Quentin.	Salomon.	Gabiot 2me.	Bretonnot.
Tourneur.	Andoux.	Lavigne.	Auconte.
Vast.	Grandjean.	Ruault.	Fourneau.
Porcheron.	Léger.	Guillemot.	
Mmes Marz.	Mmes Marconnoux.	Mmes Saulaville.	Mmes Canet.
Malot 2me.	Gorion.	Gueroult.	Savary.
Gabot.	Lemesle.	Flavie.	

LES AMOURS DE DIANE

Ballet.

Dix Bergers d'Arcadie.

Mlles Delcende.	Mlles Montaubry.	Mlles Genty.	Mlles Santanera.
Savile.	Gambelou.	Vibon.	Mauperin 2me.
	Fiocre 2me.	Guemer.	

Dix Bergères d'Arcadie.

Mlles Desmet.	Mlles Danwes.	Mlles Frère.	Mlles Millière.
Vidal.	Thibert.	Brach 1re.	Tarlé.
	Rust.	Pouilly.	

Deux Bergères.

Mlles Nathan. Morendo.

M. Mérante, Andymion. M. Coralli, Faune.

Vingt Chasseresses.

Mlles Carabin.	Mlles Simon.	Mlles Pilrois.	Mlles Stoikoff.
Gaujelin.	Danfeld.	Casveyrain.	Morlot.
Jousse.	Parent.	Villeroy.	Poinet.
Segand.	Baratte.	Laurent.	Lamy.
Danse.	Beaugrand.	Giraud.	Leroy.

Diane, Mlle Ferraris. L'Amour, Fiocre 1re. Olympe, Vénus, Mlle Hairivaut.

Six naïades.

Mlles Valette.	Mlles Caron.	Mlles Jouvet.	Mlles Brach 2me.
	Georgeot.	Rebott.	

Mars, M. Lecerf. — Vulcain, M. Chenati — Mercure, M. Michaux.

Minerve, Mlle Balson. — Ganymède, Mlle Frimat. — Bellone, Mlle Lesage.

Quatre Dieux Pans.

Dix-huit Méales.

Mlles Nibert.	Mlles Gambelou.	Mlles Vibor.	Mlles Brach 1re.
Mauperin 2me.	Tarlé.	Fione 2me.	Aust.
Pouilly.	Deleonet.	Desmet.	Montaubry.
Danthes.	Genty.	Frère.	Millière.
	Vidal.	Guerner.	

Quatre-vingts Luminais.

Mlles Segard.	Mlles Laury.	Mlles Giraud.	Mlles Leroy.
Santanera.	Baratte.	Danse.	Laurent.
Beaugrand.	Nibert.	Deleonet.	Vidal.
Genty.	Wal.	Alexandre.	Desmet.
Dauwes.	Frère.	Millière.	Malot 1re.
Ganjelin.	Casegrain.	Morlot.	Villeroy.
Fiocre 2me.	Danfeld.	Jousse.	Parent.
Poinet.	Montaubry.	Gambelou.	Vibon.

Mmes Tarté,	Mmes Rust,	Mmes Pouilly,	Mlles Savile,
Brach 1re.	Mauperin 2me.	Desvignes.	Guerner.
MM. Fourneau,	MM. Rust,	MM. Toucoeur,	MM. Quentin,
Gabiot 1er,	Gaudois,	Lavigne,	Gabiot 2me,
Adam,	Leroy,	Bertrand,	Rousseau,
Lecerf,	Meunier,	Monfallet,	Bion,
Pisserrello,	Jules,	Darcourt,	Caré,
Guillemot,	Granjean,	Aridoul,	Salomon,
Desvignes,	Ruault,	Amorte,	Bretounot,
Barbier,	Michaux,	Galland,	Gondoin,
Millot,	Fournier,	Chenat,	Fauzet,
Sclo.	Josset.	Lefevre.	Perrot.

TROISIÈME ACTE.

Abbesse, Mlle Coriane.

Deux Religieuses, Mlles Meurant et Letellier.

Quatre membres du Saint-Office, deux hérauts.

QUATRIÈME ACTE. — PREMIER TABLEAU.

Il Trescone.

MM. Pierre,	MM. Lecerf,	MM. Bertrand,	MM. Chenat,
Leroy,	Barbier,	Rousseau,	Perrot,
Quentin,	Desvignes,	Michaux,	Gabiot 1er.
Bauchet.			
Mmes Ganjelin,	Mmes Cassegrain,	Mmes Danfeld,	Mmes Morlot,
Villeroy,	Parent,	Poiret,	Segaud,
Barattel,	Giraud.	Danse.	Lamy.
Caroline.			

Douze paysannes.

Mmes Buhler,	Mmes Masson 1re,	Mmes Touzard,	Mmes Perolie,
Colas,	Lacroix,	Savary,	Masson 2me,
Gabot.	Delard.	Lapaire.	Lescars.

Six soldats, six conjurés.

DEUXIÈME TABLEAU.

18 pénitents, 18 hallebardiers, 4 officiers, 4 porte-étendards, 18 gardes.

Cinq jeunes filles.

Mmes Desvignes, Breard, Wal, Balson, Lesage.

Premiers dessus. — *Coryphée*, Mme Granier.

Mmes Morlot,	Mmes Prély,	Mmes Leurdin,	Mmes Motteux,
Garrido,	Courtois,	Parent,	Mignot,
Lemarre,	Odot,	Stech,	Parent,
Marcus,	Bertin,	Laudié,	Lebrun,
Albertini,	Godallier.	Hubert.	Merlin.
Mariette.			

Seconds dessus. — Coryphée, Mme Christian.

Mmes Baron,	Mmes Charpentier,	Mmes Brousset,	Mmes Jacquin,
Jacques,	Cuisse,	Rouaud,	Metzger,
Tissier,	Vernet,	Colteignies,	Vogler,
Vaillant,	Schwab,	Barral,	Guillaumot,
Giringhelli.			

Enfants.

Charpentier,	Donnet,	Croigny,	Delsol,
Mithoir.	Charpentier.	Gouyon.	Bibès.

Premiers ténors. — Coryphées, MM. Caraman et Chazotte.

MM. Lourergne,	MM. Bresnu,	MM. Marty,	MM. Pérez,
Cresson,	Laissement,	Dupuis.	Fayeux.
Desdet.	Laforge.		

Seconds ténors. — Coryphée, M. Donzel.

MM. Tissère,	MM. Marin,	MM. Lalande,	MM. Hamger,
Valgalier,	Laborde,	Bay,	Fille,
Fleury,	Couteau.	Blanc,	Connaisson.
Foy.			

Premières basses. — Coryphées, MM. Canaple et Noir.

MM. Hano,	MM. Hennon,	MM. Margaillon,	MM. Lejeune
Delahaye.	Gentille.	Vallé.	

Secondes basses. — Coryphée, M. Barberléguy.

MM. Georget,	MM. Marjollet,	MM. Van-Hoof,	MM. Thuillart,
Mouret,	Menoud,	Danel,	George,
Jacques,	Jary.	Fayet.	Hourdin.
Boussagol.			

Le chef du chant.

PIERRE DE MÉDICIS

ACTE PREMIER

PREMIER TABLEAU

Le théâtre représente la salle des fêtes du palais des ducs de Médicis, à Pise. Au fond, une terrasse à laquelle aboutit un vaste escalier. De cette terrasse on aperçoit la ville de Pise et ses monuments.

SCÈNE PREMIÈRE

INTRODUCTION.

(*Le gonfalonier de Pise et des membres du sénat sont assemblés, écoutant, ainsi que des pages, des officiers et des gens du palais, une marche qui s'entend dans le lointain et se rapproche peu à peu. Des coups de canon retentissent.*)

CHŒUR, à mi-voix.

Là-bas, le canon tonne,
La trompette résonne,
Écoutons, écoutons
Trompettes et clairons!...
Médicis, qui s'avance,
Va, grâce à sa présence,
Combler ici nos vœux!
Et Pise l'immortelle,
Dans sa splendeur nouvelle,
Retrouvera, par elle,
Son passé glorieux!

SCÈNE II

Les Mêmes, JULIEN DE MÉDICIS, PAOLO MONTI, un Page portant sur un coussin les clefs de la ville de Pise.

TOUS, à Julien.

Salut au gouverneur de la ville de Pise!...

JULIEN, au Gonfalonier.

Ce titre, désormais, ne sera plus le mien.
Pierre de Médicis en ce jour m'autorise
A lui rendre un pouvoir qui doit être le sien...
Dès qu'il vient parmi nous, son frère n'est plus rien
Devant son souverain...

PAOLO MONTI, à part, à Julien.

Ici, qui le ramène?...

JULIEN.

Je ne sais... et pourtant, une crainte soudaine
Trouble et remplit mon cœur... Laura Salviati
A paru dans sa cour... Ah! s'il l'aimait! Monti!
S'il revenait pour elle à Pise?...

PAOLO MONTI.

Du silence,
Monseigneur!... Écoutez... le cortége s'avance...

JULIEN, avec passion.

Ah! j'observerai tout! et d'un regard jaloux
Je veillerai sur lui!...

PAOLO MONTI, à Julien.

Je veillerai sur vous!

(*Le canon tonne de nouveau, les cloches sonnent toutes volées, et le cortége du duc Pierre paraît au fond.*)

SCÈNE III

Des hallebardiers, des gardes, des écuyers, des pages descendent l'escalier du fond; les porte-bannières s'avancent ensuite, puis viennent les seigneurs de la cour du Duc, ses grands officiers, les magistrats de Florence, les gonfaloniers, les représentants des différents états de la ville de Pise portant leurs attributs, puis LE DUC PIERRE DE MÉDICIS *entre, accompagné de* FRA ANTONIO, *le grand inquisiteur.*

CHŒUR GÉNÉRAL.

Ah! quel bonheur pour la cité de Pise!
De notre duc, célébrons le retour!...
Que le bonheur parmi nous le conduise,
Et que nos vœux y fixent son séjour!
(*Des jeunes filles de la ville viennent, en dansant, offrir des fleurs au Grand-Duc*).

PIERRE DE MÉDICIS, à sa cour.

Pour vous j'abandonne Florence,
Ville d'amour! ville de fleurs!
Et j'apporte, avec l'espérance,
Les jeux, les fêtes, les splendeurs!...
La gloire qu'un exploit nous donne
Vaut-elle un enivrant loisir?...
A d'autres les soucis du trône!
Moi, pour fleurons de ma couronne,
J'ai pris les roses du plaisir!

CHOEUR.

Non, rien ne vaut un doux loisir!
A d'autres les soucis du trône!...
Et pour fleurons de sa couronne,
Il prend les roses du plaisir!

JULIEN, *s'avançant vers le Duc, suivi du page portant les clefs de la ville.*

Mon frère et mon seigneur, je viens, sujet fidèle,
Remettre entre vos mains ces clefs...

PIERRE DE MÉDICIS.

De votre zèle,
Merci!... Je les reçois; car nous avons sur vous
Des projets que plus tard vous apprendrez de nous!...

(*Montrant Fra Antonio.*)

Le grand inquisiteur, dont l'amitié m'honore,
Nous les a conseillés...

JULIEN, *à Paolo Monti, à part, indiquant Fra Antonio.*

De celle que j'adore,
L'oncle et le protecteur... Ah! je frémis, Monti!...
De cet ambitieux je crains l'âme servile!...

PIERRE DE MÉDICIS, *regardant autour de lui.*

Mais parmi les beautés de cette noble ville,
Je ne vois point encor Laura Salviati,

(*A Fra Antonio.*)

Votre nièce?...

FRA ANTONIO, *allant au-devant de Laura Salviati, qui paraît entourée de ses femmes.*

Elle vient, monseigneur, la voici!...

SCÈNE IV

LES MÊMES, LAURA SALVIATI.

PIERRE DE MÉDICIS, *à Laura.*

Sans vous, madame, et la vive lumière
Que vos attraits répandent en ces lieux,
Tout était sombre!... Avec vous tout s'éclaire;
Et votre aspect vient éblouir nos yeux!

LES SEIGNEURS *et* LES DAMES *montrant Pierre de Médicis.*

A la belle Laura, notre duc amoureux,
Offrirait-il déjà ses vœux?

ENSEMBLE.

LAURA, *à part.*

Rien ne saurait de mon âme
Éteindre la sainte flamme
Que partage un autre cœur.
Non, jamais aucune ardeur
Ne peut, dans ce jour suprême,
Troubler, de celui que j'aime,
Le repos et le bonheur!...

JULIEN, *à part, montrant Laura.*

Non, rien ne peut, dans mon âme,
Éteindre la sainte flamme
Que partage un p.. v.. cœur!
Non, jamais une autre ardeur
Ne peut, dans ce jour suprême,
Troubler, de celle que j'aime,
Le repos et le bonheur!...

LES SEIGNEURS *et* LES DAMES, *à part, désignant Pierre de Médicis.*

De Médicis, la grande âme
Bien facilement s'enflamme;
Et trop souvent son ardeur
A pu nuire à sa grandeur;
Car l'amour, ce bien suprême,
Devient un malheur extrême,
Quand il aveugle son cœur!

PIERRE DE MÉDICIS, *à part, montrant Laura.*

Près d'elle, je sens mon âme
Brûler d'une vive flamme
Et d'un transport enchanteur!
Je l'éprouve à mon ardeur,
Pour la première fois j'aime!
Et pour cet amour suprême,
Je donnerais ma grandeur!

FRA ANTONIO, *à part.*

De Médicis, que l'on blâme,
Moi seul j'ai deviné l'âme,
Et les vices de ce cœur
Qu'entraîne une folle ardeur!
Je le connais, quand il aime,
Rien ne le retient, pas même
Son pouvoir ni sa grandeur.

PAOLO MONTI, *montrant Julien et Pierre de Médicis.*

Je crains que la même flamme
Ne vienne embraser leur âme!
Quel avenir de douleur
Pour la patrie!... O terreur!
Car de cet amour suprême
Sortirait, ô trouble extrême!
Et la haine et le malheur.

LAURA.

Oui, le ciel, en qui j'espère,
Bénira nos tendres vœux,
Et bientôt un jour prospère
Luira pour nos cœurs heureux!..
O doux délire!
Tout va sourire
A nos beaux jours,
A nos amours!

JULIEN.

Oui, le ciel, en qui j'espère,
Bénira nos tendres vœux;
Et bientôt un jour prospère
Luira pour nos cœurs heureux!...
O doux délire!
Tout va sourire
A nos beaux jours,
A nos amours!

PIERRE DE MÉDICIS.
　Mon pouvoir, en qui j'espère,
　Va servir mes tendres vœux!...
　Oui, bientôt un sort prospère
　Me promet des jours heureux!...
　　O doux délire!
　　Tout va sourire
　　　A mes amours!
　　　A mes beaux jours!

PAOLO MONTI, *à part, regardant Laura et Julien.*
　Oui, Dieu seul, en qui j'espère,
　Peut bénir leurs tendres vœux,
　Et donner un sort prospère
　A ces deux cœurs amoureux!...

FRA ANTONIO, *à part.*
　C'est en moi seul que j'espère!...
　Quand ma voix a dit : Je veux!...
　Un sort est triste ou prospère,
　Selon mon ordre ou mes vœux!...

SCÈNE V

LES MÊMES, UN HÉRAUT D'ARMES.

LE HÉRAUT D'ARMES, *entrant, à Pierre de Médicis.*
Tout le peuple assemblé devant votre palais,
Par ses cris et ses vœux appelle Son Altesse!

PIERRE DE MÉDICIS, *avec ironie.*
Allons donc nous montrer à nos heureux sujets!...
　(*A Laura.*)
Daignez m'accompagner, noble et belle comtesse!
Et ces respects rendus à notre autorité,
Vont se changer, devant tant d'éclat, de jeunesse,
　En hommages à la beauté!
　(*A Fra Antonio, à part.*)
Dans un instant, mon père, et loin de tous les yeux,
Il faut que sans retard je vous parle en ces lieux!...

FRA ANTONIO, *de même.*
　J'attendrai, monseigneur...
(*Pierre de Médicis se dirige vers la terrasse du fond, en donnant la main à Laura Salviati. La cour se disperse. Julien et Paolo-Monti échangent entre eux des signes d'intelligence; et Julien, près de sortir, rencontre Fra Antonio, qui lui jette un regard de menace, puis il s'éloigne au moment où Pierre de Médicis reparaît.*)

SCÈNE VI

FRA ANTONIO, PIERRE DE MÉDICIS *redescendant l'escalier du fond, suivi de quelques Seigneurs.*

PIERRE DE MÉDICIS, *aux Seigneurs.*
　Au grand inquisiteur,
　Messieurs, j'accorde une audience...
　Retirez-vous...

　(*A part, indiquant Fra Antonio.*)
　Il rêve la puissance...
Que son ambition seconde mon ardeur!...
(*Les Seigneurs de la suite du prince s'éloignent.*)

SCÈNE VII

PIERRE DE MÉDICIS, FRA ANTONIO.

PIERRE DE MÉDICIS.
Approchez-vous, mon père, et veuillez m'écouter!...

FRA ANTONIO.
　Je viens, de notre auguste maître,
Entendre les arrêts qu'il daignera dicter.

PIERRE DE MÉDICIS.
Non pas!... A votre loi ma loi doit se soumettre,
　Mon père; et vous allez savoir,
Sur mon destin futur, quel est votre pouvoir!

FRA ANTONIO.
Que dites-vous, mon frère?...

PIERRE DE MÉDICIS, *avec solennité.*
　　　　　　Au chef du Saint-Office,
　Moi, son maître, son souverain,
Je demande aujourd'hui qu'à sa nièce il m'unisse?...
D'elle, j'attends son cœur, de lui, j'attends sa main!

FRA ANTONIO.
Pour mon humble famille, une telle alliance!...

PIERRE DE MÉDICIS.
　Sur le livre d'or de Florence,
Mon père, votre nom s'inscrit au premier rang!...
Noble par vos aïeux, vos vertus l'ont fait grand!

ENSEMBLE.

FRA ANTONIO, *à part.*
　O surprise extrême!
　Le pouvoir suprême
　Qui m'est conféré,
　A l'abri du trône
　Et de la couronne
　Je l'exercerai!...

PIERRE DE MÉDICIS.
　L'idole que j'aime,
　Sur le trône même
　Je la placerai!...
　Avec ma couronne,
　Mon amour lui donne
　Un cœur enivré!

(*A Fra Antonio.*)
Vous voyez que de vous j'attends plus que la vie

FRA ANTONIO.
　Une telle faveur peut exciter l'envie
D'un sujet orgueilleux... Mais oserai-je, moi,
Consentir à l'honneur que nous fait notre roi!...

CHANT.
Ni la grandeur ni la puissance

N'eurent jamais de prix pour moi!...
De notre ordre l'obéissance
Fut toujours la suprême loi!...
Et si la foudre et l'anathème
Parfois s'échappent de nos mains,
Nous ne les lançons aux humains
Que pour la grandeur de Dieu même!

REPRISE DU PREMIER MOTIF.

Ni la grandeur ni la puissance
N'eurent jamais de prix pour moi!...
De notre ordre l'obéissance
Fut toujours la suprême loi!

PIERRE DE MÉDICIS, à Fra Antonio.

Songez-y bien, l'éclat de ma couronne
Et mon pouvoir sont communs entre nous!...

FRA ANTONIO.

Un humble moine être aussi près du trône!...

PIERRE DE MÉDICIS.

Votre ordre saint va grandir avec vous!...

FRA ANTONIO.

Un tel espoir m'éclaire et me décide,
Ordonnez, monseigneur, vos vœux seront ma loi!
Et que votre hymen soit le guide,
L'appui, le soutien de la foi!

ENSEMBLE.

PIERRE DE MÉDICIS, à part, avec passion.

Ange tutélaire!
Tout pour moi s'éclaire
Par tes yeux si doux!
Gloire de la terre,
Celle qui m'est chère
Vaut bien mieux que vous!...

FRA ANTONIO, à part.

Puissants de la terre,
Tremblez devant nous,
Car notre ordre austère
Régnera sur vous!
De Dieu la colère
Vous menace tous!...

(Fra Antonio s'incline avec reconnaissance devant Pierre de Médicis, qui remonte le grand escalier du palais; puis il s'éloigne à son tour en faisant un geste d'orgueil et de triomphe.—Le théâtre change.)

DEUXIÈME TABLEAU

La chambre de la comtesse Laura Salviati.

SCÈNE PREMIÈRE

DAMES D'HONNEUR de la comtesse entrent, accompagnées de PAGES, de CANTATRICES, et précédant LAURA SALVIATI.

CHŒUR DE DAMES, à la Comtesse, dont les camérières font la toilette du soir.

Vos charmants attraits, aimable comtesse,
Brilleront bientôt d'un éclat plus pur!

Les simples atours vont à la jeunesse;
Rien ne doit cacher vos regards d'azur!
La voûte des cieux n'a pas une étoile,
Qui devant vos yeux bientôt ne se voile;
Et lorsque la nuit couvre de son voile
La terre embaumée où règne l'amour,
Vos yeux, à leur tour,
Nous rendent le jour!

LAURA.

CAVATINE.

Doux rêve de ma vie!
Extase au ciel ravie!
Seul bien qu'hélas! j'envie,
En cet instant, renais pour moi!
O Julien! toi que j'implore,
De beaux jours peuvent luire encore
Et ce cœur brûlant, qui t'adore,
Bravera tout pour être à toi!...
Sois l'ange tutélaire
En qui mon âme espère,
Et celle qui t'est chère
Te gardera sa foi!

(Aux dames qui l'entourent.)

Je rends grâce à vos soins... allez, et laissez-nous.

LES DAMES, s'éloignant.

Tous les vœux de nos cœurs, madame, sont pour vous

LAURA, seule.

ALLEGRO.

Il va venir, mon bien-aimé!
A nos serments fidèle;
C'est l'amour qui l'appelle
Près de mon cœur charmé!
Jamais le rang ni la grandeur
N'auraient touché mon âme,
Mais de son cœur, la flamme
A su ravir mon cœur!...
Ses pas, dans le silence
Vont bientôt retentir...

(Écoutant.)

Est-ce lui qui s'avance?...
Ah! je me sens mourir
De crainte et d'espérance!...

(Courant à Julien qui paraît.)

C'est toi! c'est toi! mon Julien, c'est toi!...
Oui, c'est le ciel qui te conduit vers moi!

SCÈNE II

LAURA, JULIEN.

DUO.

LAURA.

Je t'attendais...

JULIEN, la pressant sur son cœur.

Ma bien-aimée!

LAURA, *avec tendresse.*
Ah! loin de toi, je ne vis pas!
JULIEN, *de même.*
Loin de toi, mon âme est fermée!
LAURA.
Mon cœur sent le froid du trépas!
JULIEN, *avec douleur.*
Te perdre!... ô douleur éternelle!...
LAURA, *surprise.*
Qui pourrait donc nous désunir?...
JULIEN.
J'éprouve une crainte mortelle.
LAURA, *avec terreur.*
Qu'entends-je?... Oh! tu me fais frémir!...

ENSEMBLE.

LAURA *et* JULIEN.
Non, non, rien ne peut dans la vie
Nous empêcher de nous chérir;
Chagrin, malheur, je vous défie!
Ensemble, il faut vivre ou mourir!

LAURA.
Parle donc, ta pâleur me glace...
JULIEN.
Un cruel malheur nous menace;
Pierre de Médicis...
LAURA.
Achève?...
JULIEN.
O sort affreux!
Il veut me ravir ta tendresse!
LAURA, *avec amour.*
N'as-tu pas mon âme et mes vœux?
JULIEN.
On a surpris les feux de sa coupable ivresse.
LAURA.
Qu'importe si je t'aime...
JULIEN.
Il veut t'offrir sa foi,
Son trône, sa grandeur...
LAURA, *avec passion.*
Ah! le trône, pour moi,
Ne vaut pas la mort avec toi!...

ENSEMBLE.
REPRISE.

LAURA *et* JULIEN.
Non, non, rien ne peut dans la vie
Nous empêcher de nous chérir;
Chagrin, malheur, je vous défie!
Ensemble, il faut vivre ou mourir!

JULIEN.
Il n'est qu'un seul moyen d'éviter la colère
D'un rival trop puissant...
Fuyons, allons gagner une terre étrangère,
C'est là que l'amour nous attend!...
LAURA, *avec effroi.*
Fuir, ô mon Dieu! la cour et ma patrie,
C'est la honte et le déshonneur!
JULIEN.
N'écoute que ton cœur, viens, ô ma douce amie!...
LAURA.
Mon Julien! pitié pour mon honneur!
JULIEN, *avec passion.*
A tes pieds je tombe, et tu vois mes larmes;
Le trépas pour moi n'aurait pas d'alarmes,
Oui, pour moi, la mort aurait plus de charmes...
Je t'aime! je t'aime! exauce mes vœux!
LAURA.
Par pitié, tais-toi; l'honneur me commande;
Il faut qu'en ces lieux, sa voix me défende,
Que ma mère, au ciel, en ce jour m'entende
Pour que mon amour résiste à tes feux!
JULIEN.
Doutes-tu de ma foi!...
LAURA.
Non, non, devant le ciel,
En présence de tous, nous irons à l'autel!
JULIEN.
Ah! n'en crois rien, la perfidie
Entre nos cœurs se placerait!
LAURA.
Demande-moi plutôt ma vie...
Mais fuir ainsi, Dieu nous en punirait!

REPRISE DU MOTIF PRÉCÉDENT.

JULIEN.
A tes pieds je tombe et tu vois mes larmes, etc.
LAURA.
Par pitié tais-toi... L'honneur me commande, etc.
JULIEN.
Tu me repousses... ô douleur!
LAURA.
Mais mon honneur est ton honneur!
JULIEN.
Viens, la foudre s'apprête
A nous frapper tous deux!
LAURA.
Ah! le devoir m'arrête
Au nom de mes aïeux!...
JULIEN, *avec énergie.*
Ne t'en prends donc qu'à toi du sort qui nous menace!
LAURA.
Mon Julien! ô mon bien-aimé! grâce!...
JULIEN, *à Laura.*
Que ton cœur, toi qui m'es chère,
Sois sensible à ma prière;

Ah! vois ma douleur amère;
A mes pleurs cède en ce jour!...
Ah! prends pitié d'une flamme
Qui t'appartient sans retour...
A mon âme unis ton âme
Dans un éternel amour!

LAURA.

A ta foi, qui m'est si chère,
J'ai voué ma vie entière...
Aux grandeurs mon cœur préfère
Tes serments et ton amour!...
Peux-tu douter d'une flamme
Qui t'appartient sans retour?
Nous n'avons qu'une seule âme,
Comme un éternel amour!

JULIEN.

Viens, viens... suis-moi... quittons ce lieu...

LAURA.

Jamais, sans être unis tous les deux devant Dieu!

JULIEN.

Eh bien! donc, que sur moi retombe la colère
De ce rival qui veut me séparer de toi.

LAURA.

Julien!... mon ami... ce rival est ton frère!...

JULIEN.

Mon frère!... ô ciel!...

LAURA.

Oui, ton frère et ton roi!

JULIEN.

Non, pour frère et pour roi,
Je ne le connais plus et brave sa colère,
Laura, pour être à toi!

REPRISE DE L'ENSEMBLE.

LAURA, à Julien.

A ta foi qui m'est si chère,
J'ai voué ma vie entière...
Aux grandeurs mon cœur préfère
Tes serments et ton amour!...
Veux-tu douter d'une flamme
Qui t'appartient sans retour?
Nous n'avons qu'une seule âme,
Comme un éternel amour!

JULIEN, à Laura.

Que ton cœur, toi qui m'es chère,
Sois sensible à ma prière;
Ah! vois ma douleur amère;
A mes pleurs cède en ce jour?
Ah! prends pitié d'une flamme
Qui t'appartient sans retour...
A mon âme unit ton âme
Dans un éternel amour!

(*Julien cherche à entraîner Laura que lui résiste. — Laura tombe à genoux, et l'on voit Fra Antonio soulever mystérieusement la portière du fond, e faire un geste de menace en désignant Julien qui s'enfuit. — Le rideau baisse.*)

FIN DU PREMIER ACTE.

ACTE DEUXIÈME

SCÈNE PREMIÈRE

Les jardins du palais des ducs de Médicis, à Pise. Fontaine au fond. Riche tribune, d'où la cour doit assister à la fête donnée au peuple par le souverain. Des ifs, des guirlandes, des trophées suspendus aux arbres, annoncent les divertissements qui se préparent.

SEIGNEURS, SOLDATS, MARINIERS, BOURGEOIS ET BOURGEOISES DE PISE *circulent dans les jardins.*

CHOEUR.

Mes amis, c'est jour de fête,
Hâtons-nous tous d'accourir;
Que le vol du temps s'arrête,
Voici l'heure du plaisir!

SOLDATS ET MARINS.

La gloire et la fortune
Sont pour nous sans attraits,
Et leur chaîne importune
N'offre que des regrets!...
Les seuls biens que j'envie :
L'amour, le jeu, le vin,
Sont les rois de la vie
Dans ce pays divin!

TOUS.

La troupe joyeuse accourt à la danse;
L'instant est propice; amis, en cadence,
Trinquons tous ensemble, au bruit des chansons!
Sois notre déesse, aimable folie!
Soucis et tristesse, ici tout s'oublie;
C'est notre devise : aimons et dansons!

UN SOLDAT.

Amis, la fête sera belle!
Au peuple, notre duc a livré ses jardins.
Des nobles et des grands, sans craindre les dédains,
Comme eux, ici, le plaisir nous appelle!

UN HOMME DU PEUPLE.

On attend Monseigneur...

UN AUTRE.

Que faire jusque-là?

UN PÊCHEUR, *au Soldat*

Eh bien! au jeu je te défie!
A ce jeu toujours cher aux fils de l'Italie,
Le jeu charmant de la morra!

TOUS.

A la morra! à la morra!

LE SOLDAT.

Jouons donc... Mais qui pariera?

GENS DU PEUPLE, *au Soldat.*

Moi pour toi...

D'AUTRES, *montrant le Pêcheur.*

Moi pour lui...

LE SOLDAT.

C'est dit... Nous y voilà!

VOIX CONFUSES.

Beppo perdra!...
Il gagnera!...
A la morra!
A la morra!

(*Un cercle se forme autour des Joueurs et la partie commence.*)

PREMIER JOUEUR.

Cinq!...

DEUXIÈME JOUEUR.

Deux!...

PREMIER JOUEUR.

Sept!...

DEUXIÈME JOUEUR.

Dix!...

PREMIER JOUEUR.

Trois!...

DEUXIÈME JOUEUR.

Trois aussi!...

DEUXIÈME JOUEUR.

Je me dédis!

LES SPECTATEURS.

Ils en ont chacun six!

DEUXIÈME JOUEUR.

Recommençons...

PREMIER JOUEUR.

Quatre!...

DEUXIÈME JOUEUR.

Cinq!...

PREMIER JOUEUR.

Et moi trois!

DEUXIÈME JOUEUR.

Trois aussi... sur mes doigts!

PREMIER JOUEUR.

Neuf!... j'en ai neuf!... Et tu le vois!

AMIS DU PREMIER JOUEUR.

Oui, c'est Beppo qui gagnera!

AMIS DU DEUXIÈME JOUEUR.

Non, vraiment! c'est lui qui perdra!

LES FEMMES, *cherchant à calmer les Joueurs.*

Entre amis, pas de querelle!...
Du plaisir qui nous appelle
Bientôt l'heure sonnera!
Pour récompenser sa peine,
Nous promettons bonne aubaine
A celui qui gagnera!

DISPUTE GÉNÉRALE.

Si quelque lâche
Trichait ici,
S'il ne se cache,
Malheur à lui!...
Ah! pas de grâce!
Pas de merci!...
Oui, qu'on le chasse.
Pour son audace
Qu'il soit puni!

Les Joueurs et leurs partisans s'élancent les uns contre les autres.)

J'ai gagné!... Non, c'est moi!...
C'est lui!... c'est toi!...
C'est moi!...

Au moment où les couteaux se tirent, un Héraut d'armes paraît et s'interpose entre les Joueurs.)

LE HÉRAUT.

Ce jour, peuple de Pise, est jour de grande fête!
Notre seigneur et duc, à celle qui s'apprête,
Veut assister ici...
Peuple, découvrez-vous!... Votre duc, le voici!

(*Une marche brillante commence, et le duc Pierre de Médicis paraît, conduisant la comtesse Laura Salviati, suivi des Grands de la cour, des Dames du palais, de Pages, de Seigneurs, d'Officiers et de Gardes. — Tous montent les degrés de la tribune et vont s'asseoir sous un immense velarium de pourpre pour assister au divertissement.*)

BALLET

Diane est aimée du dieu Pan et du bel Endymion.

Tous deux la poursuivent, au milieu des bois sacrés que parcourt la légère déesse, accompagnée de ses nymphes.

Des bergers et des bergères de l'Arcadie veulent forcer Endymion à les faire danser au son du théorbe.

Endymion les repousse, et jette loin de lui l'instrument qu'on lui présente.

Tout à coup, les accords de la flûte de Pan se font entendre.

Les bergers et les bergères entourent le Dieu des Jardins, et les danses recommencent, au son de sa flûte enchantée.

Des appels de cor retentissent au loin.

Les nymphes de Diane paraissent, précédant leur divine maîtresse.

Mais l'Amour, qui protège Endymion, vient troubler les jeux et les danses auxquels se livrent Diane et ses chasseresses.

L'Amour menace la déesse de ses flèches terribles.

Diane le brave, réfugiée au milieu de ses nymphes.

Mais le malin dieu décoche un de ses traits à son ennemie, l'atteint au cœur, et fait paraître immédiatement à ses yeux le jeune Endymion, confus et tremblant, qui se prosterne aux pieds de Diane.

Le dieu Pan s'élance entre eux, et un pas gracieux est dansé par les quatre acteurs de cette scène.

L'Amour met, en vain, sa main sur les yeux du dieu Pan, pour l'empêcher de voir la préférence que la déesse accorde à son rival.

Au moment où Diane tombe dans les bras d'Endymion, le dieu furieux le frappe de son javelot, et le beau chasseur s'évanouit soutenu par les nymphes qui se pressent autour de lui.

Diane s'abandonne à son désespoir.

L'Amour la rassure : le pouvoir de sa mère lui rendra celui qu'elle aime!

Il court à la fontaine; — évoque Vénus, qui sort du sein des eaux, dans une conque d'azur, environnée de tous les dieux de l'Olympe qui paraissent, sur des nuages, à ses côtés.

Vénus étend la main sur la victime du dieu Pan, qui rouvre les yeux et revient à la vie.

Trahi dans sa vengeance, le dieu jaloux va s'enfuir.

Lorsque, sur un signe de Diane, les filles de l'Enfer, auxquelles elle commande sous le nom d'Hécate, accourent au-devant du dieu Pan, que le pouvoir de Vénus change en statue.

Les nymphes des bois, et les nymphes des enfers, s'unissent dans une ronde animée, bravant le dieu métamorphosé.

Diane et Endymion se mêlent à leurs jeux, qui se terminent par une brillante bacchanale.

(Après le ballet, Pierre de Médicis descend les degrés de la tribune suivi de sa cour.)

PIERRE DE MÉDICIS, *au peuple.*
La fête sur l'Arno, peuple, se continue;
Mais quand la nuit sera venue,
Au signal du canon, la ville brillera
De tous les feux de la luminara! (1)

(Le peuple se disperse dans les jardins, et Fra Antonio s'avance vers le duc.)

SCÈNE II

PIERRE DE MÉDICIS, JULIEN DE MÉDICIS, LAURA SALVIATI, FRA ANTONIO, DAMES, SEIGNEURS, GARDES, ETC., ETC.

FRA ANTONIO, *s'approchant du duc, et lui parlant à mi-voix.*
Je viens, avec regret, troubler votre allégresse,
Monseigneur!... Nos projets sont tous anéantis!

PIERRE DE MÉDICIS, *de même.*
Expliquez-vous?...

FRA ANTONIO, *de même.*
L'honneur que Votre Altesse
Me faisait, ainsi qu'à ma nièce,
Il faut y renoncer!...

PIERRE DE MÉDICIS.
Et pourquoi?...

FRA ANTONIO.
J'ai surpris
Le secret d'un amour...

PIERRE DE MÉDICIS, *avec colère.*
Quel est le téméraire?
Parlez!...

FRA ANTONIO.
C'est votre frère.

PIERRE DE MÉDICIS, *à part.*
Il oserait!...

FRA ANTONIO.
Laura partage son ardeur!

PIERRE DE MÉDICIS.
Si vous m'avez dit vrai, malheur sur lui! malheur!
(A part.)
Contenons-nous...
(Indiquant Julien de Médicis.)
D'un mot, je vais au traître
Arracher son secret...
(Haut, à Julien de Médicis.)
Mon frère, ici, je veux
Par ma haute faveur, en ce jour reconnaître
Pour mon règne et pour moi tous vos soins généreux!

JULIEN et LAURA, *à part.*
Que va-t-il dire? O ciel!...

(1) La luminara, fête populaire à Pise, dans laquelle toute la ville s'illumine spontanément et à un signal donné.

PIERRE DE MÉDICIS, *à Julien.*
La gloire vous appelle.
Notre flotte a besoin d'un chef, d'un amiral,
Pour triompher de l'Infidèle.

JULIEN et LAURA, *à part.*
Qu'entends-je?... Sort fatal!...

ENSEMBLE.

JULIEN.
Oui, je sens l'effroi qui me glace,
Et je devine mon malheur!
Mon rival, à dessein, me place
Entre mon devoir et l'honneur!

PIERRE DE MÉDICIS, *indiquant Julien, à part.*
Je vois, à l'effroi qui le glace,
Que je viens d'atteindre son cœur!
Mais de son amour, quoi qu'il fasse,
Le mien bientôt sera vainqueur!

FRA ANTONIO, *de même.*
Je vois, à l'effroi qui le glace,
Que le duc a frappé son cœur!
Mais, pour cet amour, pas de grâce!
A moi le pouvoir, la grandeur!

LAURA.
Oui, je sens l'effroi qui me glace,
Et tout m'annonce le malheur!
Mais, ni prière, ni menace,
Ne le banniront de mon cœur!

LES SEIGNEURS, *montrant Julien de Médicis.*
Oui, du prince la noble audace
Mérite sa haute faveur;
Et, quoique notre ennemi fasse,
Médicis en sera vainqueur!

JULIEN DE MÉDICIS, *au duc.*
J'accepte le rang que mon frère
Daigne m'accorder en ce jour;
Mais, avant de quitter ce pays... à mon tour,
J'adresse au duc une prière.

LAURA, *à part.*
Ah! je tremble pour notre amour!

PIERRE DE MÉDICIS, *à Julien.*
Parlez!...

JULIEN, *au duc.*
A la plus noble dame
J'ai donné ma vie et mon âme...
Je viens vous demander sa main?...

PIERRE DE MÉDICIS, *avec ironie.*
Quoi! d'une femme
Vous vous occupez, quand l'honneur
Et vous attend, et vous réclame?...
Partez! partez d'abord... Plus tard, il sera temps
De nous parler d'hymen...

JULIEN, *prenant le duc à part, avec une sourde colère.*
Pierre, je vous comprends!
Et nous aimons tous deux la même femme!

PIERRE DE MÉDICIS, *avec hauteur.*
Et quand cela serait?...

JULIEN, *avec passion.*
On partage ma flamme!

PIERRE DE MÉDICIS, *de même.*
On partagera mon amour!

JULIEN, *éclatant.*
Non, tant que je vivrai!..

PIERRE DE MÉDICIS, *avec autorité.*
Du silence!... A ma cour
Ne révélons pas la discorde
Qui pour jamais vient de naître entre nous!

JULIEN, *à Pierre de Médicis, montrant Laura, à part.*
Malgré vous, malgré tous, je serai son époux!

PIERRE DE MÉDICIS, *haut, à Julien.*
Prince, Médicis, votre duc, vous accorde
Jusqu'à demain pour gagner votre bord;
Mais, ce jour écoulé, tremblez sur votre sort!

TOUS, *avec épouvante.* [sort?
Quel courroux dans leurs yeux! et quel est donc ce

LAURA, *à part, avec désespoir.*
Ah! je connais le duc!... et ce sort... c'est la mort!

(*A ce moment, le canon se fait entendre; des fanfares éclatent, et le peuple se précipite dans les jardins. Au troisième coup de canon, une splendide illumination brille de toutes parts; tout se trouve spontanément éclairé. C'est la fête de la Luminara qui commence. Une foule immense, animée, s'élance de tous côtés; chaque homme ou femme du peuple tient un fallot de différente couleur, et il dansent entre eux sur le chœur suivant.*)

CHOEUR GÉNÉRAL, *très-animé.*

Mes bons amis, c'est la fête,
C'est la fête de la nuit!
Chantons, chantons la défaite
Du soleil honteux qui fuit!
La flamme qui nous éclaire
Fait pâlir celle du jour!
La fête de la lumière
Est la fête de l'amour!

JULIEN, *s'approchant mystérieusement de Laura, au milieu de la fête.*

Vous le voyez, Laura, de ces lieux il faut fuir!...
Ne me refusez pas... Daignez y consentir,
Ou nous sommes perdus, car le duc vous adore!

LAURA.
Je ne puis résister encore,
Et demain...

JULIEN, *avec transport.*
Demain, ô bonheur!
Nous aurons fui notre persécuteur!

PIERRE DE MÉDICIS, *que les feux de la Luminara ont attiré au fond des jardins, redescend vivement, entouré de sa cour, en reprenant le motif du chant précédent.*

La flamme qui nous éclaire
Fait pâlir celle du jour!
La fête de la lumière
Est la fête de l'amour!

CHOEUR GÉNÉRAL.

La flamme qui nous éclaire
Fait pâlir celle du jour, etc.

(*Les danses recommencent; les fallots s'agitent; le tumulte joyeux est à son comble.*)

TABLEAU.

FIN DU DEUXIÈME ACTE.

ACTE TROISIÈME

PREMIER TABLEAU

Une maison de pêcheur au bord de l'Arno. A droite de l'acteur une petite porte basse. A gauche, une autre porte. Au fond, une grande fenêtre ouverte donnant sur l'Arno.

SCÈNE PREMIÈRE

PAOLO MONTI, *entrant avec* LAURA SALVIATI.

PAOLO, *à Laura.*

Ne craignez rien, entrez noble comtesse;
Cette maison, dans ce lointain faubourg,
Cachera les projets de votre noble amour!

LAURA, *tremblante.*

Ah! Paolo... quelle frayeur m'oppresse...
Quitter mon palais et la cour!...
J'aurais dû résister à la vive prière
De Médicis....

PAOLO.

Mais de son frère
Vous ne pouvez braver les transports et les feux;
Demain peut-être, il vous perdrait tous deux!...
A mon honneur Médicis vous confie;
D'un monarque jaloux, évitez la furie,
Et dans une heure, au pied de ce balcon,
Où roule de l'Arno l'onde calme et tranquille,
Vous entendrez ma voix vous dire la chanson
Des gais pêcheurs de notre ville...

LAURA.

Achevez?...

PAOLO.

Soyez prête à fuir à ce signal;
Et tous les deux, demain, sur une rive amie,
Vous défierez le courroux d'un rival!...

LAURA.

Julien, que fait-il?...

PAOLO.

Il prie
Sur le tombeau de sa mère chérie,
En attendant la nuit pour voler près de vous,
Et vous offrir son nom et la foi d'un époux!
(*En sortant vivement, à Laura.*)
A bientôt... Espérez... car Dieu veille sur nous!
(*Il sort.*)

SCÈNE II

LAURA, *seule, s'agenouillant devant une madone près de laquelle brûle une lampe.*)

PRIÈRE.

Vierge Marie, ô Reine sainte!
De l'infortune entends la plainte?...
Tout est sur terre, angoisse et crainte!...
Prête assistance aux cœurs pieux?...
Du doux espoir, qui seul m'anime,
Faut-il, hélas! mourir victime?...
Un pur amour est mon seul crime...
Veille sur moi, Reine des cieux!
Malgré moi, je frémis... et sa seule présence
Peut rassurer mon âme et calmer ma souffrance!
(*La porte basse s'ouvre tout à coup; le Duc de Médicis paraît, suivi du grand inquisiteur.*)

SCÈNE III

LAURA, PIERRE DE MÉDICIS, FRA ANTONIO.

LAURA, *les apercevant et jetant un cri de terreur.*

Que vois-je? ô ciel!... mortel effroi!...
Le grand inquisiteur... le Duc, auprès de moi!...

FRA ANTONIO, *à Laura.*

En vain vous avez cru, madame, vous soustraire,
Dans cet humble séjour, si peu digne de vous,
A cet œil vigilant, à ce pouvoir sévère
Qui punit le coupable, et qui veille sur tous!...

TRIO.

LAURA, *avec énergie.*

Que voulez-vous de moi?...

PIERRE DE MÉDICIS, *avec amour.*

Vous offrir ma couronne!...
Partager avec vous mes honneurs et mon trône!...
Mettre à vos pieds mon amour et ma foi!...

LAURA.

Ah! monseigneur!...

FRA ANTONIO, *la prenant à part, avec sévérité.*

Écoute-moi!...
Quand la voix d'un maître te supplie
D'accorder le bonheur à sa vie,
Quand il veut, dans son âme ravie,

A tes pieds déposer sa grandeur,
Ne va pas, d'un amour éphémère,
Accueillir la trop folle chimère;
Et d'un roi, d'un maître de la terre,
Repousser la tendresse et l'ardeur.

LAURA, *à part, au moine.*

Je ne puis accepter cette faveur insigne...
De tant d'honneur, non, je ne suis pas digne!

FRA ANTONIO, *indiquant le duc.*

Ah! crains d'exciter son courroux!

PIERRE DE MÉDICIS, *à Laura.*

A ma voix qui supplie, à mes vœux rendez-vous?...
    Écoute la prière
    D'un cœur tendre et sincère,
    A qui tu seras chère
    Jusqu'à son dernier jour!
    Arbitre d'une vie
    Par toi seule remplie,
    Qu'elle me soit ravie,
    Si je perds ton amour!

LAURA, *à part.*

    O mon Dieu, quel martyre!
    Mais mon amour m'inspire,
    Et jamais je ne trahirai
    Nos doux serments, mon adoré!

FRA ANTONIO, *à Laura.*

J'ai prié... maintenant, j'ordonne!...
Sans hésiter, il te faut obéir!...
Entre le couvent et le trône,
Le silence du cloître ou l'or de la couronne,
A l'instant même, il faut choisir!...

PIERRE DE MÉDICIS, *à Laura.*

Ah! si l'on m'a dit vrai, madame, une autre flamme
Aurait jeté le trouble et l'amour dans votre âme!...

LAURA, *avec fierté.*

Malgré tout mon respect, vous n'avez, monseigneur,
Aucun droit à savoir le secret de mon cœur!

PIERRE DE MÉDICIS.

Je puis tout supporter... tout... hors la perfidie!...
Et celle qui d'un roi peut repousser le vœu,
Ne sera désormais que l'épouse de Dieu!...

FRA ANTONIO, *à part, d'un air sombre, à Laura.*

Ou le trône, ou le cloître!... ou la mort, ou la vie!...
    Ton maître pour époux... ou Dieu!

LAURA, *avec exaltation.*

    Non! le ciel m'appelle!...
    Ma flamme éternelle
    Restera fidèle
    Jusqu'au dernier jour!...

    Dans le cloître austère,
    Sur la froide pierre,
    A toi, ma prière!
    A toi, mon amour!

PIERRE DE MÉDICIS, *à Laura, avec tendresse.*

Ne prive pas le monde, qui t'admire,
De ces attraits qui font notre bonheur?
Mais ne crois pas, toi pour qui je respire,
Me dérober et ta main et ton cœur!

FRA ANTONIO, *à Laura.*

La nuit approche... avant que la lumière
Ait dans ce jour abandonné les cieux;
Décide-toi!... redoute un sort sévère!...
Que notre nom soit, par toi, glorieux!

PAOLO MONTI, *chantant dans la coulisse.*

BARCAROLLE.

    Viens!... la blanche étoile
    Éclaire ma voile
    Sur le flot qui dort.
    C'est toi que j'appelle,
    Viens, oh! viens ma belle?...
    L'amour est au port!...

PIERRE DE MÉDICIS, *après avoir écouté la barcarolle.*

On ne m'a pas trompé!.. Laura, vous voulez me fuir?
Et voici le signal...

LAURA, *avec dignité.*

    Suis-je donc prisonnière?

PIERRE DE MÉDICIS.

Non! non!.. de mes États vous ne pouvez sortir...
Un rival vous attend!...

    (Avec passion.)

    Exauce ma prière?...

LAURA.

Au cloître menez-moi!...

FRA ANTONIO.

    Qui c'est ton dernier vœu?..

PIERRE DE MÉDICIS, *avec fureur.*

Ne t'en prends donc qu'à toi, de ma juste colère!..
Tu refuses ma main... Sois l'épouse de Dieu!

(Sur un signe de Fra Antonio entrent les gardes du
Saint-Office et des Religieuses. On va pour s'emparer de Laura, qui les arrête d'un geste énergique, et marche, seule, au milieu d'eux.)

PAOLO, *paraissant au fond, sans être vu du duc ni du moine qui s'éloignent.*

On l'entraîne!... O douleur!.. Pierre, la perfidie
Te coûtera le trône, et peut-être la vie!...
Cher Julien!... Courons le prévenir!...
La mort, ou le pouvoir!.. Il n'a plus qu'à choisir!!!

(Il sort vivement. — Le théâtre change.)

DEUXIÈME TABLEAU

Le Campo-Santo de Pise, à la nuit. Une lune pâle et blafarde, se joue, en vacillant, au milieu des cyprès et des arbres noirs qui sont au fond du Campo-Santo. A l'horizon, la cathédrale de Pise, et la Tour penchée. — En avant, une tombe monumentale, un sarcophage de marbre noir et blanc, sur lequel est placé la statue de la mère des Médicis.

SCÈNE PREMIÈRE

CHOEUR RELIGIEUX, *pendant lequel la scène reste vide.*

Dieu qui protéges l'innocent,
Répands sur nous ta grâce!..
Si ton esprit sur nous descend,
Toute douleur s'efface,
Daigne bénir, Dieu tout puissant!
Le pauvre et l'innocent?

SCÈNE II

JULIEN DE MÉDICIS, *entrant.*

Asile auguste et solitaire,
Où dorment à jamais les puissants de la terre,
Et mes nobles aïeux,
Salut!.. je viens, dans un pieux mystère
Te faire, avant de fuir, mes douloureux adieux!
(*S'agenouillant sur le tombeau de sa mère.*)
Toi dont la mort a fermé la paupière,
Ma sainte mère!.. Ecoute ma prière?..
Vois mes douleurs, mes pleurs brûlants...
Fixe sur moi tes regards vigilants,
Et que ma voix qui t'invoque, ô ma mère!
N'implore pas en vain ton généreux secours,
Pour protéger ton fils, et sauver ses amours!...
Ombre divine! ombre chérie!
Il me faut quitter ma patrie,
Et cette tombe où j'ai pleuré
Celle que j'adorai
Pendant sa noble vie!...
Reçois, ô ma mère chérie,
D'un cœur qui gémit et qui prie,
L'adieu sacré!
Et toi!.... toi qui n'est plus mon frère,
Qui me forces à fuir... si l'objet de ma foi
Devait souffrir de la colère,
Et courir un danger!... Pierre, malheur à toi!
(*Ecoutant des pas qui s'approchent.*)
Mais qui vient donc vers moi?

SCÈNE III

JULIEN DE MÉDICIS, PAOLO *entrant suivi de nombreux amis.*

PAOLO, *à Julien.*

Tout est perdu!... l'on entraîne Laura
Dans le cloître! et ses vœux...

JULIEN.

Monti! que dis-tu là?

CHOEUR, *à Julien.*

Viens! sois notre roi!
D'un tyran sans foi
Se lève sur toi
La hache!...
Songe à ta Laura
Que Pierre enleva;
Le cloître déjà
La cache!...
Partout le trépas!
Amis, sous nos pas,
Ne vois-tu donc pas
L'abîme?
Marchons sous ta loi,
Courons sans effroi,
Punir, avec toi,
Le crime!

JULIEN, *avec fureur.*

Pierre! c'en est assez!... pour toi, plus de pitié!...
Amis, par vos accents mon courage s'enflamme!
Sauvez Laura!... mon cœur réclame
Vos bras, votre sainte amitié!
Dans mes transports, soyez tous de moitié!

CHOEUR DE RELIGIEUSES, *dans le lointain.*

Grand Dieu! que tout proclame,
Fais qu'une pure flamme
Rayonne dans notre âme!...
Si l'enfer nous réclame,
Dieu, de nous prends pitié!

JULIEN.

Qu'entends-je?... au milieu des ténèbres,
Ces chants de mort... ces chants funèbres!...

PAOLO.

Ces chants... ils annoncent déjà
L'instant fatal qui doit t'arracher ta Laura!

JULIEN.

Aux armes!... mes amis... Sauvons celle que j'aime!
Délivrons la patrie en ce péril extrême!
Pas de merci! pas de pitié!
Je vous invoque tous au nom de l'amitié!...
La sainte patrie,
Sanglante et flétrie,

S'éveille et nous crie :
Enfants, levez-vous!

LE CHŒUR, répétant.

La sainte patrie,
Sanglante et flétrie,
S'éveille et nous crie :
Enfants, levez-vous!

JULIEN.

Bel ange céleste!
Que l'espoir te reste!
Oui, tout me l'atteste,
Le ciel est pour nous!...

REPRISE DU CHŒUR RELIGIEUX au lointain.

Dieu qui protéges l'innocent,
Répands sur nous ta grâce!
Si ton esprit sur nous descend,
Toute douleur s'efface!
Daigne bénir, Dieu tout puissant!
Le pauvre et l'innocent!

JULIEN et SES AMIS.

ENSEMBLE.

Il faut, sur le champ,
Punir le méchant!
Sauvons l'innocent!
Courage!

Le ciel nous entend,
L'honneur nous attend,
Vengeons à l'instant
L'outrage!...
Combattons sans peur
Un prince oppresseur!
Le traître
Va bientôt reconnaître
S'il est un Dieu vengeur!

JULIEN.

Bel ange céleste!
Que l'espoir te reste;
Oui, tout me l'atteste,
Le ciel est pour nous!

TOUS LES CONJURÉS, *tirant leurs épées et entourant Julien de Médicis debout sur les marches du tombeau de sa mère.*

La sainte patrie,
Sanglante et flétrie,
S'éveille et nous crie :
Enfants, levez-vous!
Vengeance!
Vengeance!
L'heure s'avance!
Combattons sans peur
Un prince oppresseur!
Vengeance!

(*Tous tendent leurs épées vers le tombeau.*)

TABLEAU.

FIN DU TROISIÈME ACTE.

QUATRIÈME ACTE

PREMIER TABLEAU
Une auberge dans un site pittoresque.

SCÈNE PREMIÈRE

DES SOLDATS *attablés boivent et trinquent entre eux.* DES JEUNES FILLES *dansent la Trescone au milieu des Soldats.*

CHŒUR DE SOLDATS.

Remplissons nos coupes
D'un nectar divin,
Car les bonnes troupes
Aiment le bon vin !
Dans le fond du verre
Noyons le chagrin !
Seigneur et vilain,
Quand le verre est plein,
S'en vont à la guerre
Ainsi qu'au festin !
Vive la bouteille !...
La rouge liqueur
Du jus de la treille
N'a pas sa pareille
Pour rendre vainqueur !...
Trinquons à la ronde,
Félons, tour à tour,
La brune et la blonde,
Bacchus et l'Amour !

(*Tout à coup, on entend le bruit de la mousqueterie dans le lointain. Les danseurs s'arrêtent ; les buveurs écoutent.*)

UN SOLDAT, *qui s'est levé pour mieux entendre.*

Frère contre frère,
Là-bas, on se bat...
Narguons le combat !
Qu'importe la guerre ?...
Lorsque sonnera
L'heure du pillage,
Amis, au partage
On se trouvera !
Mais jusque là...

TOUS.

Oui, jusque là...

REPRISE DU CHŒUR.

Remplissons nos coupes
D'un nectar divin, etc., etc.

(*Sur la ritournelle du chœur, les Soldats montrent leurs brocs vides, frappent sur les tables et rentrent tumultueusement dans le cabaret.*)

SCÈNE II

PIERRE DE MÉDICIS, *entrant par le fond. Il est pâle, blessé, se soutient à peine, et tient à la main son épée brisée.*

RÉCIT.

Abandonné de tous au sein de la mêlée,
D'un traître... j'ai senti le fer
M'atteindre... O douleur de l'enfer !...
Que je souffre !... Jusqu'à cette auberge isolée,
J'ai pu me traîner expirant...
Que sur toi, Julien, retombe tout mon sang !!...
. . . .
Mais quand je le maudis, à cette heure suprême,
N'ai-je pas, à son âme, arraché ce qu'elle aime ?...
L'amour l'a fait rebelle à son frère, à son roi !...
Le bras de cet ami, si cher à mon enfance,
Ma rigueur l'arma contre moi...
D'où me vient donc pour lui cette étrange clémence ?...
Pour lui, mon rival, mon vainqueur !...
Est-ce donc la douleur... ou la mort qui s'avance ?...
Est-ce le repentir qui vient toucher mon cœur ?...

CHANT.

Oui, je le sens, Dieu m'appelle et m'éclaire !...
Du haut des cieux une sainte lumière
Sur moi descend !...
Chère Laura ! sur ton sort plus d'alarmes...
Le repentir a fait couler mes larmes
Avec mon sang !...
Mais cet ordre cruel donné dans ma fureur ?...
Peut-être elle est déjà l'épouse du Seigneur !...
Courons... je ne le puis... la force m'abandonne...
Ah ! dans ces lieux déserts... ne viendra-t-il personne ?

REPRISE DU CHŒUR DES SOLDATS,
dans l'auberge.

Remplissons nos coupes
D'un nectar divin !

Car les bonnes troupes
Aiment le bon vin!... etc.

PIERRE, *se traînant du côté où il entend le chant, et appelant.*

A mon secours!... à moi!... venez, venez!...
(Les voyant paraître.)
Enfin!...
(Aux Soldats, qui entrent chancelants et avinés.)
Mes amis, mes amis... c'est votre souverain
Blessé... mourant...

LES SOLDATS.

Notre roi, c'est le vin!

PIERRE.

Par pitié, menez-moi jusqu'au couvent voisin!...

LES SOLDATS, *butant.*

Vive le vin!... vive le vin!...

PIERRE.

Me méconnaissez-vous?...

LES SOLDATS.

On ne connaît personne
Quand on a bu tant de bon vin!
(Reprenant le chœur.)
Trinquons à la ronde!
Fêtons tour à tour,
La brune et la blonde,
Bacchus et l'Amour!...

PIERRE.

CABALETTE.

Quand pour moi sonne l'heure dernière,
Oui, je veux, même au pied de l'autel,
T'arracher, toi, qui me fus si chère,
A des vœux que repousse le ciel!...
En perdant mon sceptre et ma couronne,
O mon Dieu! mon cœur peut te bénir!
Au pécheur, que ta bonté pardonne!...
Laisse-moi la sauver et mourir!

LES SOLDATS, *reprenant un motif du chœur.*

Dans le fond du verre,
Noyons le chagrin!
Seigneur et vilain,
Quand un verre est plein,
S'en vont à la guerre
Ainsi qu'au festin!

MONTI, *paraissant suivi de quelques confidents et apercevant Pierre de Médicis.*

Le duc!... notre ennemi...

PIERRE, *s'avançant vers lui.*

Mon Dieu! je te rends grâce!...
Pour préserver Laura du sort qui la menace
Et la rendre au bonheur, Monti, guide mes pas!...
.... Dieu clément! retarde mon trépas!...

REPRISE DE LA CABALETTE.

Quand pour moi sonne l'heure dernière,
Oui, je veux, jusqu'au pied de l'autel,
T'arracher, toi, qui me fus si chère,
A des vœux que repousse le ciel!...
En perdant mon sceptre et ma couronne,
O mon Dieu! mon cœur peut te bénir!
Au pécheur que ta bonté pardonne!...
Laisse-moi la sauver et mourir!...

(Il ressaisit son épée et sort appuyé sur le bras de Monti.)

LES SOLDATS, *s'éloignant en reprenant la fin du chœur qui se perd dans le lointain.)*

FIN DU CHŒUR.

Trinquons à la ronde,
Fêtons, tour à tour,
La brune et la blonde,
Bacchus et l'Amour!

DEUXIÈME TABLEAU

L'intérieur d'un cloître. — A droite et à gauche, de vastes escaliers latéraux conduisant dans la nef du cloître.

SCÈNE PREMIÈRE

(Au lever du rideau le cloître est vide. Des accords religieux se font entendre, et une double marche processionnelle commence. — A gauche de l'acteur, entrent les Sœurs et les Pénitentes du couvent où Laura Salviati doit prononcer ses vœux. — Par la droite s'avance une longue file d'Inquisiteurs et de Pénitents. — Et, par un escalier latéral, l'on voit paraître Laura, vêtue de blanc, les cheveux épars, une couronne de fiancée sur la tête, et accompagnée de l'Abbesse et de ses Assistantes. Elle est entourée des Novices du couvent qui la conduisent au milieu du cloître. — Cette marche a lieu sur le chœur suivant:)

CHŒUR.

Dans nos calmes retraites,
Goûtant la paix du cœur,
Nous célébrons, Seigneur,
Tes saintes fêtes!
Rayon de l'éternel,
Luis sur nos têtes!...
Rayon de l'Éternel,
Descends du ciel!

LAURA, *s'agenouillant.*

Esprit céleste! esprit sublime!
Soutiens ici-bas la victime!
Pulvérise un supplice illégitime

M'obtenir dans le ciel
Un bonheur éternel !

LAURA avec LE CHOEUR.
Voici l'instant terrible et solennel !...
Puisse un martyre illégitime,
A la victime
Ouvrir bientôt le ciel !

LES RELIGIEUSES et LE CHOEUR.
Rayon de l'Éternel.
Descends du haut du ciel !

SCÈNE II

LES MÊMES, FRA ANTONIO *paraissant au fond du cloître.*

FRA ANTONIO.
Vous tous, dans cette enceinte,
Pour la prière sainte,
En ce jour réunis,
Au nom du Tout-Puissant, par nous soyez bénis !

TOUS LES PERSONNAGES ET LES CHOEURS, *se prosternant.*
Par ses mains soyons tous bénis !

FRA ANTONIO, *s'avançant au milieu du cloître et s'approchant de Laura.*
Et vous à qui Dieu se révèle !
A ses lois vous soumettez-vous ?...
A vos serments soyez fidèle,
Ou des cieux craignez le courroux !...
Le sombre monastère,
Jusqu'à vos derniers jours,
Entre vous et la terre
Se ferme pour toujours !

LAURA.
Je le sais !... je le sais !...
Qu'ainsi mes vœux soient exaucés !

FRA ANTONIO.
Désormais, renonçant au monde,
A ses plaisirs, à tous ses biens,
Que votre espoir sur Dieu se fonde
Pour respecter de tels liens !...
Perdez toute espérance,
Tout regret d'ici-bas !
Nulle autre délivrance
Pour vous que le trépas !...

LAURA.
Je le sais !... je le sais !...
Qu'ainsi mes vœux soient exaucés !

FRA ANTONIO.
Quand du ciel, au jour suprême,
La trompette sonnera,
De Dieu même,
L'Anathème,
Sur le blasphème
Retombera !
Du parjure,
L'âme impure
Dans l'enfer s'engloutira !...

CHOEUR, *répétant.*
Quand du ciel, au jour suprême,
La trompette sonnera, etc.

FRA ANTONIO, *bas, à Laura.*
Laura, je puis encore t'épargner un parjure,
Et t'arracher à l'instant de ces lieux ;
Consens à recevoir la couronne, et je jure
De te soustraire à de coupables vœux !

LAURA.
Entre nous deux, s'il est un crime,
Mon âme au ciel en répondra !...
Dieu connaît le bourreau !... Dieu connaît la victime !...
Et Dieu nous jugera !...

FRA ANTONIO, *aux Religieuses, leur montrant Laura.*
Maintenant, procédez au dernier sacrifice !...
Au lieu d'atours mondains, la bure et le cilice !...
Plus de ces vains attraits que repoussent nos vœux !
Que sous le fer sacré tombent ces longs cheveux !

(*Laura Salviati, presque mourante, s'agenouille devant les religieuses qui l'entourent. — Au moment où ses cheveux tombent sous les ciseaux de l'Abbesse, elle jette un cri d'effroi et s'évanouit dans les bras des Pénitentes qui la recouvrent d'un voile. — Un grand tumulte éclate au fond du cloître; les portes volent en éclats sous les haches des Soldats de l'escorte de Médicis. Une détonation se fait entendre. — Le mur du fond s'écroule, et l'on aperçoit une magnifique vue de Pise éclairée par le soleil levant.*)

SCÈNE III

LES MÊMES, PIERRE DE MÉDICIS *mourant, entre, soutenu par son frère* JULIEN, *et suivi de* GARDES, *de* PAOLO MONTI *et d'autres* CONJURÉS.

PIERRE.
Arrêtez ! arrêtez !...
(*A Julien.*)
Soutiens mes pas, mon frère...
Je puis encore te rendre celle qui t'est si chère...
Et réparer mon crime à mon heure dernière...

JULIEN, *courant vers Fra Antonio.*
Laura, qu'en as-tu fait ?... Réponds, réponds, cruel !...

FRA ANTONIO, *montrant Laura.*
La voici, monseigneur...
(*Arrêtant d'un geste Julien de Médicis qui s'élance vers Laura.*)
Elle appartient au ciel !...

(*Julien s'arrête frappé de douleur; et tandis que Pierre expire au milieu de ses Gardes, l'Abbesse entraîne Laura vers les marches du cloître. — Les Moines, les Pénitents et les Religieuses commencent le chœur suivant :*)

CHOEUR.
Gloire au Dieu tout-puissant ! gloire au maître éternel !
Il choisit ses élus et leur ouvre le ciel !

(*Tableau. — Le rideau baisse.*)

Typ. Morris et Comp., rue Amelot, 64.

En vente, chez LÉON ESCUDIER, 21, rue de Choiseul.

PIERRE DE MÉDICIS

Grand opéra en quatre actes,

Poème de

MM. DE SAINT-GEORGES et ÉMILIEN PACINI

Musique du prince

J. PONIATOWSKI

Morceaux de chant détachés avec accompagnement de piano, par VAUTHROT

PARTITION PIANO ET CHANT IN-8°

PARTITION PIANO SOLO GRAND FORMAT

AIRS DE BALLET

TRANSCRIPTIONS, FANTAISIES

QUADRILLES, VALSES, POLKA, POLKA-MAZURKA

ARRANGEMENTS POUR LE PIANO ET DIVERS INSTRUMENTS

CATALOGUE DES OPERAS ITALIENS ET FRANÇAIS

Qui sont la propriété de Léon Escudier, 21, rue de Choiseul.

Partitions Françaises
PIANO ET CHANT
GRAND FORMAT

	PRIX NETS fr.
G. Verdi, Les Vêpres Siciliennes (5 actes)	30
G. Verdi, Jérusalem (4 actes)	40
G. Donizetti, Dom Sébastien (5 actes)	40
A. Thomas, Angélique et Médor (1 acte)	8

Format in-8°

Albert Grisar, Bonsoir M. Pantalon! (1 acte)	7
F. Bazin, Maître Pathelin (1 acte)	7
F. Bazin, Les Désespérés (1 a.)	6
G. Donizetti, Elisabeth, drame lyrique en trois actes	12
G. Donizetti, Dom Sébastien (5 a.)	20
Gluck, Orphée, 4 actes (édition du Théâtre-Lyrique)	10
F. Halévy, La Magicienne (5 a.)	20
Comte N. Gabrielli, Don Gregorio (3 actes)	12
J. Offenbach, Ba-ta-Clan, chinoiserie musicale (1 a.)	9
Prince J. Poniatowski, Pierre de Médicis (4 actes)	20
A. Thomas, Le Caïd (2 actes)	12
A. Thomas, La Tonelli, opéra comique en 2 actes	12
A. Thomas, Le Songe d'une nuit d'été (3 actes)	12
A. Thomas, Raymond ou le Secret de la Reine (3 actes)	15
G. Verdi, Les Vêpres Siciliennes (5 actes)	20
G. Verdi, Les Deux Foscari (4 a.)	12
G. Verdi, Ernani (4 actes)	12
G. Verdi, Le Trouvère (4 actes), édition de l'Opéra Impérial	20
G. Verdi, Jérusalem (4 actes)	20
G. Verdi, Louise Miller (4 actes)	15
G. Verdi, Rigoletto (4 actes)	20
G. Rossini, Bruschino (2 actes)	8
G. Rossini, Othello, édition de l'Opéra (3 actes)	10
L. Clapisson, Gibby la Cornemuse (3 actes)	15
A. Adam, Cagliostro (3 actes)	12
A. Adam, Richard en Palestine (3 actes)	12
Beethoven, Les Ruines d'Athènes	5

Partitions Italiennes
PIANO ET CHANT
GRAND FORMAT

	PRIX NETS fr.
G. Verdi, La Battaglia di Legnano	30
G. Verdi, Ernani (4 actes)	30
G. Verdi, I Due Foscari (3 actes)	30
G. Verdi, Giovanna d'Arco (4 a.)	30
G. Verdi, Il Finto Stanislao (3 a. bouffe)	30
G. Verdi, Alzira (3 actes)	30
G. Verdi, Oberto di San Bonifacio (3 actes)	30
Mercadante, Leonora (3 actes)	30

Format in-8°

Bellini, I Puritani (3 actes)	12
G. Verdi, Simon Boccanegra (4 a.)	12
G. Verdi, Aroldo (4 actes)	12
G. Verdi, I Vespri Siciliani (5 a.)	20
G. Verdi, Luisa Miller (3 actes)	12
G. Verdi, Ernani (4 actes)	12
G. Verdi, I Due Foscari (3 actes)	12
G. Verdi, Attila (4 actes)	12
G. Verdi, Macbeth (4 actes)	12
G. Verdi, I Lombardi (4 actes)	12
G. Verdi, I Masnadieri (4 actes)	12
G. Verdi, La Traviata (3 actes)	12
G. Verdi, Giovanna d'Arco (4 a.)	12
G. Verdi, Il Trovatore (4 actes)	12
G. Verdi, Rigoletto (4 actes)	12
G. Verdi, Stiffelio (3 actes)	12
G. Verdi, Un Ballo in Maschera	12
G. Pacini, La Fidanzata Corsa (4 actes)	12
Cagnoni, Don Bucefalo (3 act.)	12
Pedrotti, Fiorina, semi-seria (2 actes)	12
Prince J. Poniatowski, Don Desiderio	12

Partitions piano solo, grand format.

	Prix nets.
G. Verdi, Aroldo	10
G. Verdi, Ernani	10
G. Verdi, I Due Foscari	10
G. Verdi, Macbeth	10
G. Verdi, Attila	10
G. Verdi, I Lombardi, Jérusalem (in-8°)	8
G. Verdi, Un Ballo in Maschera	10
G. Verdi, Il Trovatore	10

	Prix nets.
G. Verdi, Rigoletto	10
G. Verdi, La Traviata	10
G. Verdi, Luisa Miller	10
G. Verdi, Giovanna d'Arco	10
G. Verdi, Les Vêpres Siciliennes	15
G. Verdi, Simon Boccanegra	10
F. Halévy, La Magicienne	15
Prince J. Poniatowski, Pierre de Médicis	12

Paris.—Typ. Morris et Comp., rue Amelot, 64

THÉÂTRE DE L'OPÉRA.

Pièces en vente à la librairie de M.me V.e Jonas, éditeur.

RUE MANDAR, 4, ET RUE MONTMARTRE, 77.

OPÉRAS.

- La Muette de Portici, 5 actes.
- Robert le Diable, 5 actes.
- Le Lac des Fées, 5 actes.
- Guillaume Tell, 3 actes.
- La Juive, 5 actes.
- Les Huguenots, 5 actes.
- Guido et Ginevra, 5 actes.
- Benvenuto Cellini.
- La Vendetta, 3 actes.
- La Xacarilla, 3 actes.
- Gustave, 5 actes.
- Les Martyrs, 4 actes.
- Stradella, 3 actes.
- La Favorite, 4 actes.
- Le Comte Carmagnola, 3 actes.
- La Reine de Chypre, 5 actes.
- Charles VI, 5 actes.
- Le Guérillero, 2 actes.
- Le Vaisseau Fantôme, 3 actes.
- Don Sébastien de Portugal, 5 actes.
- Le Lazzarone, 2 actes.
- Le Serment, 3 actes.
- La Vestale, 3 actes.
- Fernand Cortez, 3 actes.
- Moïse, 3 actes.
- Le Philtre, 2 actes.
- Don Juan, 5 actes.
- Le Dieu et la Bayadère, 2 actes.
- Le Comte Ory, 3 actes.
- Richard en Palestine, 3 actes.
- Robert Bruce, 4 actes.
- La Bouquetière, 1 acte.
- L'Âme en peine, 2 actes.
- Le Freischutz, 3 actes.
- L'Étoile de Séville, 4 actes.
- Marie Stuart, 5 actes.
- Jérusalem, 4 actes.
- L'Apparition, 2 actes.
- Jeanne la Folle, 5 actes.
- Le Prophète, 5 actes.
- Le Paxal, 2 actes.
- Sapho, 3 actes.
- Démon de la Nuit, 2 actes.
- L'Enfant prodigue, 5 actes.
- La Corbeille d'Oranges, 3 actes.
- Le Juif errant.
- La Fronde.
- Louise Miller.
- Le Maître-Chanteur, opéra en 2 actes.
- Le Cheval de Bronze, opéra en 4 actes.

BALLETS.

- La Révolte des Femmes.
- Le Diable Boiteux.
- La Chatte métamorphosée en Femme.
- La Gypsy.
- La Tarentule.
- La Tempête.
- La Sylphide.
- Le Diable Amoureux.
- Giselle.
- Les Noces de Gamache.
- La Jolie Fille de Gand.
- La Péri.
- Lady Henriette.
- Le Diable à Quatre.
- Paquita.
- Betty.
- Orfa.
- La Fille de Marbre.
- Griseldis.
- Nisida.
- La Vivandière.
- Le Violon du Diable.
- La Filleule des Fées.
- Paquerette.
- Vert-Vert.
- Orfa.
- L'Atelage.
- Jovita, ou les Boucaniers.
- Le Corsaire.
- Les Elfes.

Et le Répertoire complet des pièces de l'Opéra ancien et nouveau.

PIÈCES DIVERSES.

Le Vœu du Malabar, opéra comique en 1 acte, par MM. Siraudin et Adrien Robert, musique de M. Doche. Prix : 60 c.

Le Château de Barbe-Bleue, opéra comique, par M. ... Georges, musique de M. Limnander.

M.lle de Chelsy, comédie-vaud. en 2 actes, par MM. de Saint-Georges et B. Lopez.

Paris. — Typographie Morris et Comp., rue Amelot, 64.

Contraste insuffisant

NF Z 43-120-14

www.ingramcontent.com/pod-product-compliance
Lightning Source LLC
Chambersburg PA
CBHW060549050426
42451CB00011B/1823